Gesamtkurs Latein

Ausgabe B und C

Ferienlernheft 2

C.C. BUCHNER

Campus B/C. Palette
Herausgegeben von Christian Zitzl, Clement Utz,
Andrea Kammerer und Reinhard Heydenreich.

Das Ferienlernheft 2 wurde erarbeitet von Sissi Jürgensen.

Über weiteres fakultatives Begleitmaterial zu *Campus* informiert Sie C.C.Buchner Verlag ·
Postfach 1269 · D-96003 Bamberg.

1. Auflage, 1. Druck 2015
Alle Drucke dieser Auflage sind, weil unverändert, nebeneinander benutzbar.

© 2015 C.C.Buchner Verlag, Bamberg
Das Werk und seine Teile sind urheberrechtlich geschützt. Jede Nutzung in anderen
als den gesetzlich zugelassenen Fällen bedarf der vorherigen schriftlichen Einwilligung
des Verlages. Das gilt insbesondere auch für Vervielfältigungen, Übersetzungen und
Mikroverfilmungen. Hinweis zu § 52a UrhG: Weder das Werk noch seine Teile dürfen ohne
eine solche Einwilligung eingescannt und in ein Netzwerk eingestellt werden. Dies gilt
auch für Intranets von Schulen und sonstigen Bildungseinrichtungen.

Redaktion: Jutta Schweigert
Satz und Gestaltung: HOCHVIER GmbH & Co. KG, Bamberg
Zeichnungen: Julia Friese, Berlin
Umschlaggestaltung: HOCHVIER GmbH & Co. KG, Bamberg
Druck und Bindung: Friedrich Pustet GmbH & Co. KG, Regensburg

www.ccbuchner.de

ISBN 978-3-7661-7911-1

Liebe Schülerin, lieber Schüler,

vor dir liegt ein **Wiederholungsheft**, mit dem du in den Ferien den Lernstoff des zweiten Lateinjahres wiederholen kannst. In **vier Lernblöcken** werden wichtige Grammatikstoffe nochmals systematisch geübt. Falls du mit dem Lehrwerk **Campus C** arbeitest, kannst du alle Lernblöcke bearbeiten. Falls du mit dem Lehrwerk **Campus B** arbeitest, fällt Lernblock 4 weg. Diesen kannst du erst im dritten Lateinjahr nach Lektion 87 bearbeiten, solltest es dann aber, z.B. zur Schulaufgabenvorbereitung, auch tun.

Jeder Lernblock ist in mehrere **Lernstufen** unterteilt. Du findest insgesamt zwölf Lernstufen. Jeder Lernstufe entspricht eine **Doppelseite** zu einem Grammatikthema, die sich normalerweise in weniger als 45 Minuten bearbeiten lässt. Wenn du täglich eine Doppelseite bearbeitest, hast du schnell den ganzen Stoff wiederholt.

Bevor du aber mit der Arbeit beginnst, hier ein paar Tipps:

Du musst nicht unbedingt alle Übungen bearbeiten. Denn die Übungen sind so gestaltet, dass du deinem individuellen Leistungsstand entsprechend mit auf dich zugeschnittenen Aufgaben arbeiten kannst. Der **Einstufungstest** auf der ersten Doppelseite zeigt dir, zu welcher Leistungsgruppe du gehörst: Die **Gorillas** sind diejenigen, die in Latein sehr fit sind und nur wenig wiederholen müssen. Die **Paviane** müssen etwas mehr machen und die **Totenkopfäffchen** sind die, die die meiste Übung benötigen. Welcher Affe bist du? Der Einstufungstest zeigt es dir.

Wenn du für den Test keine Zeit hast, kannst du dich auch nach deiner Zeugnisnote richten: Hast du die Note 1, bist du ein Gorilla, Paviane haben die Note 2 oder 3 und mit Note 4 oder 5 bist du ein Totenkopfäffchen. Selbstverständlich ist auch jeder Gorilla und jeder Pavian zu jeder der Übungen eingeladen.

Am Ende des Heftes erfährst du in einem **Abschlusstest**, ob du dich von einem kleinen Äffchen zu einem Pavian oder sogar zu einem Gorilla hochgearbeitet hast.

Die Lösungen zu den Aufgaben findest du im beiliegenden **Lösungsheft**. Aber nicht schummeln! Vielleicht willst du dieses Lösungsheft auch deinen Eltern geben, damit du eine zuverlässige Kontrolle hast. Dies hätte noch einen weiteren Vorteil: Für jede bearbeitete Übung kannst du **Bonuspunkte** sammeln.[1] Schließe doch mit deinen Eltern einen Vertrag und kassiere Prämien für eine bestimmte Anzahl an Bonuspunkten − beispielsweise einen Kinobesuch für 250 Bonuspunkte. Möglichst viele Übungen zu machen kann sich so durchaus lohnen. Deine Eltern müssen dann natürlich mit dem Lösungsheft überprüfen, ob du die Übungen ordentlich gemacht hast. Um Bonuspunkte zu erhalten, müssen die Übungen zwar nicht fehlerfrei sein, aber verbessern solltest du deine Fehler auf jeden Fall. Denn nur so lernst du richtig.

Viel Spaß mit dem Wiederholungsheft und − schöne Ferien!

---

1 vgl. die Übersicht dazu auf S. 32

Gorilla, Pavian oder Totenkopfäffchen?

Hier kannst du testen, wie fit du in Latein bist. Je nachdem, wie gut du abschneidest, bist du ein Gorilla, ein Pavian oder ein Totenkopfäffchen. Und entsprechend deiner Gestalt erwarten dich verschiedene Aufgaben in diesem Heft.
Bearbeite die Aufgaben und vergleiche deine Antworten mit den Lösungen im Lösungsheft. Dort siehst du, wie viele Punkte du für jede richtige Antwort erhältst. Zähle die jeweils erreichten Punkte zusammen und ermittle danach mit der Bewertungstabelle am Ende des Einstufungstests, ob du ein Gorilla, ein Pavian oder ein Totenkopfäffchen bist.

1. Wort für Wort   6 BE

Gib für die folgenden Vokabeln mindestens eine richtige Bedeutung an.
Die Zahl in Klammern sagt dir, wie viele Bedeutungen du gelernt hast.

a) vetus (1)		g) medius (2)	
b) occulte (1)		h) somnus (1)	
c) huc (1)		i) aut (1)	
d) metus (1)		j) agmen (1)	
e) constituere (2)		k) avertere (2)	
f) ignotus (1)		l) cupere (2)	

2. Stammformen   8 BE

Gib für die folgenden Verben die Stammformen und mindestens eine richtige Bedeutung an.

	1. Pers. Sg. Präs.	1. Pers. Sg. Perf.	PPP	Bedeutung
a) dimittere				
b) premere				
c) pellere				
d) frangere				

3. Bilde die angegebenen Formen.   6 BE

a) Gen. Sg. von dies		d) Dat. Sg. von plebs	
b) Dat. Pl. von carmen		e) Nom. Pl. von exercitus	
c) Akk. Pl. von mare		f) Akk. Sg. von navis	

Einstufungstest

4. Bestimme Person, Numerus, Tempus, Modus und Genus verbi. 5 BE

a) agunt		f) neglexero	
b) converteremur		g) posita erant	
c) acceptus est		h) velles	
d) consedissetis		i) itum est	
e) laedebam		j) tactae essemus	

5. PPA oder PPP? 4 BE
Markiere die korrekte Partizipialform.

a) Iuppiter amore **capto / capiens / captus** Europam in Cretam deduxit.

b) Pluto carmine Orphei voce dulci **cantanti / cantantis / cantati** commotus est.

6. Übersetze. 11 BE

a) Cum Romani ad Cannas victi essent, milites Hannibalem orabant, ut Romam temptaret. b) Itaque Hannibal iussit exercitum ad portas urbis adduci. c) Deinde autem dux gloriam appetens tamen urbi pepercit. d) Si tum Romanos desperatos temptavisset, Roma certe a Poenis capta esset.

....
....
....
....
....
....

7. Fremdwörter? 4 BE
Erkläre die folgenden Fremdwörter. Gib dabei jeweils das lateinische Ursprungswort an, das diesen Fremdwörtern zugrunde liegt, z.B.: lädiert − verletzt (laedere).

a) ein großer **Effekt**   b) äußerst **aktiv**   c) **kultivierte** Umgangsformen   d) einen **Impuls** geben

e) eine schlimme **Aversion**   f) Regeln **respektieren**   g) **flexibel** sein   h) eine Zahl **addieren**

| Punkte | | 44–34 | | 33–19 | | 18–0 |
| Bewertung | | GORILLA | | PAVIAN | | TOTENKOPF-ÄFFCHEN |

Auf den folgenden Seiten wird dir das Affenpiktogramm am Rand einer jeden Übung zeigen, welche Aufgaben für dich bestimmt sind.

1. Vokabeln sind das A und O

Kennst du noch die deutsche Bedeutung der folgenden Substantive und Präpositionen?
Gib mindestens eine richtige Bedeutung an. Die Zahl in Klammern zeigt dir, wie viele Bedeutungen du gelernt hast.

a) intra (1)		n) adversus (1)	
b) pectus (2)		o) species (3)	
c) luctus (1)		p) genus (3)	
d) pro (3)		q) dies (1)	
e) in (7)		r) impetus (2)	
f) gemitus (2)		s) vulnus (2)	
g) socius (2)		t) usus (2)	
h) litus (2)		u) modus (3)	
i) numerus (2)		v) pernicies (2)	
j) cultus (4)		w) crimen (3)	
k) scelus (2)		x) contra (1)	
l) fides (4)		y) tempus (2)	
m) vultus (3)		z) trans (2)	

2. Gesucht und gefunden

a) Markiere in der Tabelle zu Aufg. 1 alle Präpositionen grün und ergänze jeweils den Kasus, der auf sie folgt.
b) Markiere in der Tabelle zu Aufg. 1 alle Substantive, die zur e-Deklination gehören, gelb.
c) Ordne jedes Substantiv auf -us aus der Tabelle zu Aufg. 1 seiner Deklinationsklasse zu. Die Zahl in der Klammer sagt dir, wie viele Wörter es jeweils zu finden gilt.

o-Deklination (3)	u-Deklination (6)	3. Deklination (6)

d) Ergänze die Bedeutung der folgenden Wendungen.

res

secundae .... futurae .... publica .... adversae ....

Substantive: u-Dekl., e-Dekl., 3. Dekl. (Neutra, i-Stämme); Gen. subi. / obi.

3. Jede Klasse ist anders

Ergänze die Endungen der folgenden Substantive der u-, e- und 3. Deklination.

	u-Deklination		e-Deklination		3. Deklination (Neutrum)	
	Singular	Plural	Singular	Plural	Singular	Plural
Nominativ	vult-	vult-	r-	r-es	crim-	crimin-
Genitiv	vult-	vult-	r-	r-	crimin-	crimin-
Dativ	vult-	vult-	r-	r-	crimin-i	crimin-
Akkusativ	vult-	vult-us	r-	r-	crim-	crimin-
Ablativ	vult-	vult-	r-	r-	crimin-	crimin-

4. Formenreihe

Die Substantive mare *n* und animal *n* gehören zu den i-Stämmen der 3. Deklination.
Das Substantiv domus *f* gehört zur u-Deklination. Alle drei Substantive weichen in einigen Fällen
von den regelmäßigen Formen ab. Bilde ihre Formen entsprechend den Vorgaben und übersetze.

a) mare → _____ Akkusativ → _____ Plural → e _____ Ablativ → e _____ Singular

das Meer → _____

b) animal → ab _____ Ablativ → ab _____ Plural → _____ Nominativ → _____ Genitiv

das Tier → _____

c) domus → de _____ Ablativ → _____ Akkusativ → _____ Plural → _____ Genitiv

das Haus → _____

5. Genitivus subiectivus oder Genitivus obiectivus?

Übersetze die folgenden Wendungen und kreuze an, ob ein Gen. subi. oder ein Gen. obi. vorliegt.
Aber Achtung: Manchmal ist beides möglich!

a) amor **matris**   ○ Gen. subi.   ○ Gen. obi.   ....

b) spes **salutis**   ○ Gen. subi.   ○ Gen. obi.   ....

c) odium **tui**   ○ Gen. subi.   ○ Gen. obi.   ....

d) metus **mortis**   ○ Gen. subi.   ○ Gen. obi.   ....

e) timor **Gallorum**   ○ Gen. subi.   ○ Gen. obi.   ....

1. Wie bitte?

Heute sind Adjektive und Zahlen an der Reihe. Gib mindestens eine richtige Bedeutung an.
Die Zahl in Klammern sagt dir, wie viele Bedeutungen du gelernt hast.

a) beatus (2)		n) pauci (1)	
b) laetus (2)		o) duo (1)	
c) certus (2)		p) totus (2)	
d) invitus (2)		q) dexter (1)	
e) diligens (2)		r) immortalis (1)	
f) vetus (1)		s) aeternus (1)	
g) felix (3)		t) nullus (1)	
h) nonnulli (2)		u) decem (1)	
i) frequens (2)		v) facilis (1)	
j) sapiens (2)		w) apertus (2)	
k) multa (1)		x) dives (1)	
l) acerbus (3)		y) octo (1)	
m) pauper (1)		z) complures (1)	

2. Gesucht und gefunden

a) Ergänze hinter den Zahlen die lateinischen Zahlwörter. Drei Wörter aus der Tabelle zu Aufg. 1 helfen dir dabei.

1	2	3	4	5
6	7	8	9	10

b) 13 Adjektive in der Tabelle zu Aufg. 1 gehören zur a- und o-Deklination. Markiere sie grün.
c) Markiere die sieben einendigen Adjektive der 3. Deklination in der Tabelle zu Aufg. 1 blau.
d) Die Adjektive totus und nullus bilden den Genitiv und Dativ Singular wie das Demonstrativpronomen is, ea, id. Bilde jeweils den Genitiv und Dativ Singular.

totus Gen. Sg.: _____ Dat. Sg.: _____

nullus Gen. Sg.: _____ Dat. Sg.: _____

Adjektive: 3. Dekl. (einendig), Substantivierung; Zahlen; Abl. u. Gen. qual.

3. Wörtermosaik

Ordne jedem Substantiv mit einem Pfeil das Adjektiv zu, das mit ihm in Kasus, Numerus und Genus übereinstimmt.

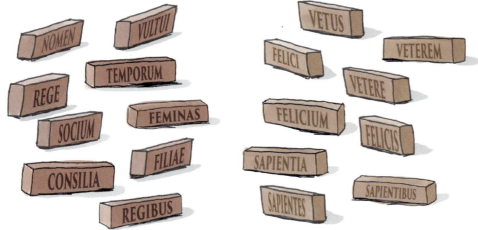

4. In der Kürze liegt die Würze

Verkürze die lateinischen Sätze, indem du die Adjektive substantivierst, und übersetze.

Beispiel: Homines felices omnes res habent. → Felices omnia habent. Glückliche haben alles.

a) Homines pauperes multas res non habent. → ....

b) Hominibus sapientibus credimus. → ....

c) Res turpes hominibus honestis non placent. → ....

d) Homines divites saepe res inanes habent. → ....

5. Qualitätsarbeit

Bilde je nach Vorgabe den Genitiv oder den Ablativ der Beschaffenheit und übersetze.

a) ingens corpus (Gen.) → vir ....

b) vultus laetus (Abl.) → puella ....

c) magna virtus (Gen.) → Is vir .... est.

d) summum ingenium (Abl.) → Ea femina .... est.

e) is modus (Gen.) → Virum .... omnes amant.

1. Dies und das ... Vokabelspaß

Heute sind neben Substantiven und Adjektiven auch Adverbien und Pronomina an der Reihe.
Gib mindestens eine richtige Bedeutung an. Die Zahl in Klammern sagt dir, wie viele Bedeutungen du gelernt hast.

a) consul (1)		n) forma (3)	
b) qualis (2)		o) condicio (3)	
c) simul (2)		p) talis (3)	
d) ille (4)		q) quoque (1)	
e) auctor (4)		r) hic (3)	
f) vehemens (2)		s) calamitas (2)	
g) quidam (3)		t) sacer (2)	
h) potens (2)		u) protinus (1)	
i) flagitium (2)		v) mortalis (2)	
j) ipse (4)		w) idem (2)	
k) denique (2)		x) deinde (2)	
l) acerbus (3)		y) caput (2)	
m) os (2)		z) iste (1)	

2. Gesucht und gefunden

a) Markiere in der Tabelle zu Aufg. 1 alle Substantive blau und bilde jeweils den Gen. Sg. und Nom. Pl.

....

....

b) Trage hinter jedes Adverb ein lateinisches Synonym ein. Die Synonyme findest du in der Tabelle zu Aufg. 1.

tum ≈	postremo ≈	statim ≈	etiam ≈

c) Markiere alle Pronomina in der Tabelle zu Aufg. 1 grün.
d) Markiere alle Adjektive aus der Tabelle zu Aufg. 1 gelb. Gib dann zu jedem den Gen. Sg. m und den Akk. Pl. n an.

....

....

Prädikativum; Pronomina   11

3. Konzentrationsübung

Was links **Nominativ** ist, soll rechts **Dativ** werden. Was links **Akkusativ** ist, soll rechts **Genitiv** werden.
Was links **Genitiv** ist, soll rechts **Ablativ** werden. Behalte jeweils den Numerus bei.
Achtung: Die Zahl in Klammern gibt dir an, wenn es mehrere mögliche Formen gibt!

hunc	illam	ipsius	iste			(2)	
quasdam	eorundem	haec	illam			(3)	

4. Hannibal gegen Scipio

Setze das passende Prädikativum ein und übersetze.

a) Hannibal .... de Romanis multa mala audivit. b) Post mortem patris Hannibal .... socios Romanorum temptavit. c) Paulo post Hannibal .... cum elephantis (!) Alpes transiit. d) In Italia primo Poeni .... cum Romanis pugnaverunt, sed denique .... in Africam redierunt.
e) Ibi Scipio .... Hannibalem vicit.

5. Der Sklave und die Lügenmärchen

Plautus erzählt in einem seiner Stücke von einem Sklaven (Tranio, onis), der sich immer weiter in Lügen verstrickt.
Übersetze den folgenden Text schriftlich. Bearbeite aber zuvor die Aufgaben a) und b).

1. Dives quidam dominus post tres annos in patriam rediit. 2. Philolaches, filius eiusdem domini, per (während) hos annos semper cum Tranione, servo magnae audaciae, tabernas adierat. 3. Itaque omnia officia et curam domus neglexerat. 4. Forte (zufällig) Tranio in portu vetere dominum navem relinquere viderat. 5. Quia dominus vir ira acri erat, iste servus poenam illius rei turpis timuit et hunc a domo prohibere voluit. 6. Itaque dixit: „Domine, istam domum intrare non iam potes! Septem larvae (larva, ae: Gespenst) ingentibus corporibus intus omnia deleverunt! 7. Itaque filius tuus non iam in ista domo, sed in alia habitat." 8. Tum servus dominum ad domum novam filii deducere coepit. 9. At hoc ipso tempore Philolaches e domo patris exiit. 10. Ille laetus cantabat, cum subito patrem ipsum aspexit. 11. Dum ille adhuc dubitat, Tranio vocavit: 12. „Haec res non ita est, ut putas ..."

a) Markiere alle Pronomina blau. b) Unterstreiche alle Genitive und Ablative und bestimme ihre Funktion.

1. Verben, Verben, Verben

Nun werden die Verben wiederholt. Bist du noch fit? Gib mindestens eine richtige Bedeutung an.
Die Zahl in Klammern gibt dir wieder an, wie viele Bedeutungen du gelernt hast.

a) curare (2)		n) pertinere ad (3)	
b) orare (2)		o) carere (3)	
c) negare (3)		p) iuvare (3)	
d) vindicare (in) (3)		q) interrogare (1)	
e) vitare (2)		r) imperare (2)	
f) persuadere (2)		s) adducere (2)	
g) promittere (1)		t) fugere (2)	
h) mutare (2)		u) deserere (2)	
i) nubere (1)		v) praeesse (2)	
j) superesse (2)		w) parcere (2)	
k) iubere (2)		x) servire (2)	
l) sollicitare (3)		y) effugere (2)	
m) accidere (2)		z) necare (1)	

2. Stammformen sind das A und O

Vervollständige die Stammformenreihen der folgenden Verben aus der Tabelle zu Aufg. 1.

a) effugere			---
b)		praefui	---
c)	iubeo		
d)			nuptum
e) parcere			---
f)		persuasi	
g) deserere			

Kasuslehre: Gen. poss., Dat. fin., dopp. Akk., Verben mit abweichender/unterschiedlicher Kasusrektion

3. Gleich und doch nicht gleich

Bei manchen Verben hängt die deutsche Bedeutung (suchen ↔ fragen; sorgen für ↔ vorhersehen; sorgen für ↔ um Rat fragen) vom Kasus oder von der Konstruktion ab, die im Lateinischen nach dem Verb steht. Achte jeweils auf den Kasus des Objekts und übersetze.

a) Consul civibus consulit.
b) Consul senatores consulit.
c) Rex populo providet.
d) Rex periculum providet.
e) Discipuli magistrum quaerunt.
f) Magister e discipulis quaerit.

4. Doppelt gemoppelt

Bei den Verben dicere, aestimare, nominare, reddere, appellare, facere, ducere, vocare und putare tritt bisweilen ein doppelter Akkusativ auf.
Ordne sie entsprechend ihrer Bedeutung der richtigen Säule zu.

5. Jedem das Seine

Ordne den lateinischen Ausdrücken ihre deutschen Bedeutungen zu, indem du die Paare mit jeweils derselben Zahl von 1–7 versiehst.

auxilio venire	usui esse	zum Vorwurf machen	als Schmuck dienen
honori esse	ornamento esse	Sorge bereiten	Ehre einbringen
perniciei esse	curae esse	zu Hilfe kommen	Verderben bringen
crimini dare		von Nutzen / nützlich sein	

6. Aufgabenteilung

Der Genitiv der Zugehörigkeit (Genitivus possessivus) bezeichnet den Eigentümer einer Sache oder er bringt in bestimmten Wendungen zum Ausdruck, dass etwas Aufgabe, Pflicht oder Eigenschaft einer Person ist. Übersetze.

a) Haec domus patris est.
b) Consulis est rei publicae consulere.
c) Imperatoris est oratione virtutem militum augere.
d) Magistri est discipulos docere.

1. Verben, Verben, Verben

Volldampf bei der Wiederholung der Verben. Gib mindestens eine richtige Bedeutung an.
Die Zahl in Klammern gibt dir wieder an, wie viele Bedeutungen du gelernt hast.

a) volvere (3)		n) retinere (3)	
b) impellere (2)		o) flectere (3)	
c) statuere (3)		p) addere (1)	
d) respicere (3)		q) tribuere (2)	
e) sustinere (2)		r) legere (2)	
f) dimittere (2)		s) efficere (2)	
g) avertere (2)		t) subire (2)	
h) instare (2)		u) metuere (1)	
i) conicere (3)		v) incipere (2)	
j) neglegere (2)		w) perterrere (2)	
k) commovere (2)		x) procedere (2)	
l) rapere (3)		y) constituere (2)	
m) sinere (2)		z) colere (3)	

2. Ohne Stammformen geht es nicht

Vervollständige die Stammformenreihen der folgenden Verben aus der Tabelle zu Aufg. 1.

a) addere			
b)		effeci	
c)	flecto		
d)			inceptum
e) neglegere			
f)		processi	
g)	colo		

Passiv (Präsensstamm): Indikativ

3. Aktiv-Passiv-Memory

a) Jeweils zwei Verbformen passen in Person, Numerus und Tempus zusammen, aber nicht im Genus verbi (Aktiv und Passiv). Versieh die zusammengehörenden Verbenpaare jeweils mit derselben Zahl von 1 bis 8.

accidunt	avertebaris	colam	orat
adducemus	perterrebimur	dimittebamini	tribuuntur
curaris	rapiebantur	necabas	flectar
retinetur	incipis	fugiebatis	coniciebant

b) Übersetze alle Formen der Tabelle ins Deutsche.

4. Hannibal – der Schrecken Roms

Forme wie im Beispiel a) jeden Satz ins Passiv um und übersetze den neu entstandenen Satz.

a) Hannibal omnia pericula superat. → Omnia pericula ab Hannibale superantur.
b) Hannibal: „Omnes nos laudant." → Hannibal: „Nos ....
c) Hannibal: „Vos multa bella gerebatis." → Hannibal: „ ....
d) Romani Hannibalem numquam terrebunt. → ....
e) Milites Hannibalis hostes semper vincent. → ....

5. Geheimcode

Knacke den Code, bilde Verbformen **im Passiv** und übersetze sie.

Beispiel: 1SaM = 1. Person Singular Präsens von movere:
moveor – ich werde bewegt

a) 1SaR	d) 2PcR	g) 3SbF
b) 2PbM	e) 3PaF	h) 1PcI
c) 3ScI	f) 1ScI	i) 2SbM

1. Prädikat besonders wertvoll

Gib mindestens eine richtige Bedeutung an. Die Zahl in Klammern sagt dir, wie viele Bedeutungen du gelernt hast.

a) perire (2)		n) discere (2)	
b) vertere (2)		o) laedere (3)	
c) opprimere (3)		p) petere (4)	
d) ponere (3)		q) frangere (1)	
e) convertere (2)		r) cupere (2)	
f) tradere (2)		s) reprehendere (2)	
g) solvere (3)		t) pergere (2)	
h) reducere (2)		u) tangere (1)	
i) circumdare (1)		v) conficere (2)	
j) fallere (2)		w) regere (3)	
k) expellere (2)		x) premere (2)	
l) perdere (3)		y) obicere (2)	
m) deponere (2)		z) restituere (1)	

2. Ohne Stamm kein Baum

Für die Übungen auf der nächsten Seite musst du die Stammformen sicher beherrschen.
Vervollständige deshalb die Stammformenreihen der folgenden Verben aus der Tabelle zu Aufg. 1.

a) petere			
b)		solvi	
c)	perdo		
d)			tactum
e) ponere			
f)	frango		
g)		pressi	

3. Transformation

Forme wie im Beispiel a) jeden Satz ins Passiv um und übersetze den neu entstandenen Satz.

a) Hannibal omnia pericula superavit. → Omnia pericula ab Hannibale superata sunt.

b) Milites Hannibalem laudaverunt, … → Hannibal ....

c) … quia Romanos saepe vicerat. → ....

d) Milites: „Si tu signum dederis, Romam capiemus." → ....

4. Verwandlungskünstler

Verwandle gemäß den Vorgaben und übersetze die jeweils entstandene Verbform.

a) circumdat *m*	Passiv	Perfekt	Futur II
b) fregerunt *f*	Passiv	Plusquamperfekt	Singular
c) vertimur *m*	Plusquamperfekt	Singular	Perfekt
d) perdiderat *n*	Passiv	Perfekt	Imperfekt

5. Der lange Marsch des Hannibal

Trotz großer Erfolge konnte Hannibal die Römer nicht besiegen.
Übersetze den folgenden Text schriftlich. Bearbeite aber zuvor die Aufgaben a) und b).

1. Hamilcar Hannibali filio dixit: „Si Romani a nobis non superati erunt, iterum bellum contra nos gerent. Imperatoris igitur est Romam delere!" 2. Sic Hannibal a patre hostis Romanorum factus est. 3. Quia Romani Hannibali magno odio erant, post mortem patris Italia ab eo temptata est. 4. Dum agmen trans Alpes ducitur, oportuit milites ab Hannibale orationibus praeclaris impelli. 5. Ii enim frequentes in itinere summis periculis opprimebantur. 6. Tum animi militum ab Hannibale his verbis confirmati sunt: 7. „Numquam, viri fortes, peribitis! Immo vos Romanis perniciei eritis. Mox victores dicemini. Nam dei vobis consulent." 8. Et id, quod ab Hannibale dictum erat, accidit. Post magnas victorias agmen Poenorum ante portas urbis constituit. 9. Quamquam Romani metu mortis perterrebantur et sollicitabantur, tamen Hannibal Romam non cepit, sed exercitum in alias regiones Italiae deduxit. 10. Nam paene tota Italia Hannibalis erat. 11. Praeda victoris ingens erat: equi, viri, argentum – nihil victis relictum est. 12. Postremo autem Poeni a Romanis ex Italia expulsi et in Africa victi sunt.

a) Markiere alle Prädikate, die im Passiv stehen, rot und bestimme ihr Tempus.
b) Markiere alle Prädikate, die im Aktiv stehen, grün und bestimme ihr Tempus.

1. Bunt gemischt

Gib für die folgenden Vokabeln mindestens eine richtige Bedeutung an.
Die Zahl in Klammern sagt dir, wie viele Bedeutungen du gelernt hast.

a) damnare (1)		n) interficere (2)	
b) nefarius (2)		o) tantum (2)	
c) desinere (1)		p) tam (1)	
d) aestimare (3)		q) comperire (1)	
e) tantus ... quantus (1)		r) coniunx (2)	
f) nemo (1)		s) immo (2)	
g) invenire (2)		t) brevi (tempore) (2)	
h) paene (1)		u) ira (2)	
i) arcessere (2)		v) talis ... qualis (1)	
j) huc (1)		w) equidem (2)	
k) inferi (2)		x) haerere (2)	
l) tot ... quot (1)		y) furor (2)	
m) poena (1)		z) occulte (1)	

2. Stammformen ... so wichtig wie die Vokabeln selbst

Vervollständige die Stammformenreihen der folgenden Verben aus der Tabelle zu Aufg. 1.

a) desinere			
b)		arcessivi	
c)			inventum
d) comperire			
e)		interfeci	
f) haerere			---

Gliedsätze: **ut, cum, si ...**; Korrelativa; Konjunktiv Imperfekt u. Plusquamperfekt

3. Wer t... sagt, muss auch qu... sagen
Verbinde jedes Korrelativum durch einen Pfeil mit seiner Bedeutung.

a) talis ... qualis   •   • so ... wie

b) tantus ... quantus   •   • derselbe ... wie

c) tot ... quot   •   • so beschaffen ... wie (beschaffen)

d) tam ... quam   •   • so ... wie

e) idem ... qui   •   • so groß ... wie (groß)

e) ita ... ut   •   • so viel ... wie (viel)

g) tantum ... quantum   •   • so viele ... wie (viele)

4. Zeitmaschine
Verwandle jede Indikativform in die entsprechende Form des Konjunktiv Imperfekt und Plusquamperfekt.

	Konj. Impf.	Konj. Plusqpf.
a) dat		
b) efficimur		
c) venio		
d) tangis		
e) ponuntur		

	Konj. Impf.	Konj. Plusqpf.
f) confirmor		
g) omittimus		
h) possunt		
i) vult		
j) estis		

5. Gut kombiniert
Übersetze zunächst mündlich. Verbinde dann jeden Hauptsatz mit dem dazu passenden Gliedsatz.
Übersetze abschließend nochmals und achte nun auf die korrekte Wiedergabe des Konjunktivs.

1) Milites Hannibalis tam fortes erant,   A) nisi tanta virtute fuissent.

2) Hannibal cum elephantis (!) Alpes transire voluit,   B) ut nonnulli milites consistere vellent.

3) Milites Alpes non transissent,   C) ne Hannibal urbem caperet.

4) In Alpibus tanta pericula erant,   D) ut periculis non commoverentur.

5) Hannibal cum Romanis bellum non gessisset,   E) ne milites desperarent.

6) In itinere periculum erat,   F) nisi Hannibal eos temptavisset.

7) Romani sociis auxilio non venissent,   G) nisi Romani ei odio fuissent.

8) Postea Romani timebant,   H) ut Romanos opprimeret.

1. Wörter, Wörter, Wörter

Gib für die folgenden Vokabeln mindestens eine Bedeutung an.
Die Zahl in Klammern verrät dir, wie viele Bedeutungen du gelernt hast.

a) dux (1)		n) gens (3)	
b) cessare (2)		o) supplicium (3)	
c) necessarius (1)		p) iterum atque iterum (1)	
d) parēre (3)		q) sors (3)	
e) iuventus (1)		r) considere (2)	
f) sanguis (1)		s) animal (2)	
g) placidus (3)		t) currere (2)	
h) ignotus (1)		u) placet (2)	
i) superi (1)		v) iurare (1)	
j) praeclarus (1)		w) prex (2)	
k) vis (3)		x) volare (2)	
l) umquam (1)		y) igitur (2)	
m) paulo (1)		z) circiter (1)	

2. Stammformen

Vervollständige die Tabelle mit den fehlenden Stammformen und mindestens einer deutschen Bedeutung.

a) comprehendere				
b)		risi		
c)	pario			
d)				sich setzen
e)		condidi		
f) currere			---	
g)		quaesivi		

PPA (Partizip Präsens Aktiv)

3. Reise durchs Labyrinth

Bilde die jeweils angegebene Form bzw. verwandle sie in die entsprechende Form des angegebenen Verbs und arbeite dich so durch das Labyrinth.

Start: **dicens**	capere ↑	Nom. Pl. m/f	Dat. Sg.	putare
Gen. Sg. ↓	Dat. Pl. →	flectere	Nom. Pl. n	Abl. Sg.
movere	Abl. Sg.	Gen. Pl.	Akk. Pl. n	descendere
Akk. Sg. m/f	Akk. Sg. n	amare	Akk. Pl. m/f	Ziel: Gen. Pl. **descendentium**

4. Pärchenbildung

Bestimme KNG, ordne richtig zu und übersetze die so entstandenen Wortpaare.

Orpheus	docentes	
sororis	volantem	
deorum	nubentis	
discipulis	pereunti	
magistri	cantans	Nom. Sg. m der singende Orpheus
carmina	monente	
Icarum	audientibus	
a Daedalo	iubentium	
Eurydicae	moventia	

5. Voller Einsatz

Übersetze zunächst mündlich und vervollständige danach den Text sinnvoll. Übersetze abschließend nochmals mit Relativsatz (R) oder mit Adverbialsatz (A).

coniugem desiderans (A)	vocem dulcem Orphei audientem (A)	oculos ad eam vertentis (R)
inferos regentem (R)	omnia animalia moventia (R)	ad lucem solis rediens (A)

a) Orpheus carmina .... cantabat. b) At post mortem Eurydicae vitam tristem egit .... c) Itaque in Tartarum descendit et Plutonem .... flectere temptavit. d) Carmina deum .... moverunt. e) Itaque Eurydica Orpheo reddita est. At hic .... ad illam respexit. f) Sic Eurydica amore mariti .... iterum perdita est.

1. Basisarbeit

Gib für die folgenden Vokabeln mindestens eine Bedeutung an.
Die Zahl in Klammern verrät dir, wie viele Bedeutungen du gelernt hast.

a) deducere (2)		**n)** pes (1)	
b) ac/atque (2)		**o)** remanere (1)	
c) tergum (1)		**p)** animadvertere (in) (2)	
d) vestigium (3)		**q)** memoria (3)	
e) auxilio venire (1)		**r)** ingens (2)	
f) femina (1)		**s)** impedire (2)	
g) insidiae (3)		**t)** sanctus (2)	
h) taurus (1)		**u)** ignis (1)	
i) vestis (2)		**v)** aer (1)	
j) causa (4)		**w)** latus (2)	
k) religio (5)		**x)** superbus (2)	
l) postulare (1)		**y)** virgo (2)	
m) vitare (2)		**z)** ara (1)	

2. Stammformen

Vervollständige die Tabelle mit den fehlenden Stammformen und mindestens einer deutschen Bedeutung.

a)				bemerken
b)		movi		
c)	facio			
d)			defensum	
e)		deduxi		
f) praestare			---	
g)		reliqui		

PPP (Partizip Perfekt Passiv)

3. Dreischritt

Bestimme zunächst jeweils Kasus, Numerus und Genus des Substantivs. Ordne dann jedem Substantiv das in KNG übereinstimmende Partizip zu. Übersetze abschließend die so entstandene Verbindung wörtlich.

a) uxor	d) deus	g) in aris
b) e labyrintho (!)	e) vestigii	h) virgini
c) insidiarum	f) pedes	

ornatis   paratarum   violatos
aedificato   inventi
raptae   amata   mutatus

4. Übersetzungskünstler

a) Übersetze jeden Ausdruck wörtlich.

1. taurus amore captus	3. femina a tauro territa	5. Europa a Iove rapta
2. Europa timore mota	4. virgo in Cretam deducta	6. Iuppiter in taurum mutatus

b) Erweitere jedes PPP um das Prädikat est und übersetze erneut. Erkläre kurz, was sich geändert hat.

c) Füge zu den grün hinterlegten Ausdrücken ad oram properat, zu den orange hinterlegten Ausdrücken flevit hinzu. Übersetze die so entstandenen Sätze, wobei du die Partizipialkonstruktion zunächst mit einem Relativsatz, danach mit einem temporalen Adverbialsatz wiedergibst. Achte auf das Zeitverhältnis und überlege, in welchen Sätzen auch eine kausale oder konzessive Sinnrichtung denkbar wäre.

5. Soweit die Flügel tragen

Übersetze den Text schriftlich auf ein Blatt. Bearbeite aber zuvor die Aufgaben unter dem Text.

1. Daedalus et Icarus regem potentem Cretae insulae fugere cupiebant. 2. Itaque Daedalus alas (ala, ae: Flügel) paravit. Tandem alas ad fugam paratas umeris filii hoc dono gaudentis accommodavit (accommodare: anpassen). 3. Dum alae a patre accommodantur, Icarus monitus est: „Vita pericula solis alas delentis, vita pericula maris ventis moti! Sic tutus a periculis per caelum latum in patriam desideratam volare poteris." 4. Tum Daedalus et Icarus spe libertatis adducti fugam inierunt et per aerem volaverunt. 5. Sed Icarus a patre monitus tamen summa audacia caelum altum appetivit. 6. Itaque accidit, ut alae a patre factae statim igne solis delerentur. 7. Daedalus filio amato auxilio venire voluit, sed filium de caelo cadentem servare non iam potuit. 8. Corpus tantum filii a Daedalo in ora insulae inventum et terra conditum est; postea haec insula nomine mortui „Icaria" nominata est.

a) Markiere jedes PPP, das als Participium coniunctum verwendet wird, grün.
b) Markiere jedes Prädikat, das im Perfekt Passiv steht, blau.
c) Markiere jedes PPA rot.
d) Finde mit Hilfe eines Atlasses heraus, wie weit die Inseln Kreta und Ikaria in etwa voneinander entfernt sind.

1. Wörter, Wörter, Wörter ...

Gib für die folgenden Vokabeln mindestens eine Bedeutung an.
Die Zahl in Klammern verrät dir, wie viele Bedeutungen du gelernt hast.

a) arx (1)		n) iudex (1)	
b) singulus (2)		o) amicitia (1)	
c) senex (2)		p) in vincula dare (2)	
d) reddere (3)		q) pellere (3)	
e) alius ... alius (1)		r) invitus (2)	
f) sacerdos (1)		s) redire (2)	
g) munitio (2)		t) posteri (1)	
h) ne ... quidem (1)		u) armatus (1)	
i) gravis (1)		v) argentum (1)	
j) perniciei esse (1)		w) lex (2)	
k) silentium (1)		x) proelium (2)	
l) odium (1)		y) praeda (1)	
m) fama (2)		z) hostis (1)	

2. Stammformen

Vervollständige die Tabelle mit den fehlenden Stammformen und mindestens einer deutschen Bedeutung.

a) cogere				
b)		vici		
c)	do			
d)				zurückgeben
e) redire				
f)	cognosco			
g)		corripui		

Ablativus absolutus

3. PPA und PPP ... unerlässlich für den Abl. abs.

Bilde zu jedem der folgenden Verben das PPA und das PPP im Ablativ Singular und Plural (jeweils Maskulinum).

	PPA (Singular / Plural)		PPP (Singular / Plural)	
a) facere				
b) terrere				
c) pellere				
d) accipere				
e) vocare				
f) mittere				

4. Der besondere Fall

In einigen Wendungen tritt beim Ablativus absolutus an die Stelle des Partizips ein Substantiv oder Adjektiv.
Versieh jede Wendung und ihre Übersetzung mit derselben Zahl von 1-9.

Caesare consule	Augusto puero	gegen den Willen Cäsars	nach Cäsars Tod
Romulo auctore	Romulo praesente	unter dem Konsulat Cäsars	zu Lebzeiten des Augustus
Romulo rege	Caesare mortuo	in Anwesenheit des Romulus	in der Kindheit des Augustus
Augusto imperatore	Augusto vivo	unter der Regierung des Romulus	unter der Herrschaft des Augustus
Caesare invito		auf Veranlassung des Romulus	

5. Römer und Germanen

Ergänze zunächst die Ablativi absoluti grammatisch korrekt und sinnvoll. Übersetze dann die so entstandenen Sätze und überlege dabei, welche Sinnrichtung den Inhalt des Abl. abs. jeweils am besten wiedergibt.

1) Germanis	A) **patriam defendentibus** Romani repelli non potuerunt.
2) Hostibus	B) **occupata** Romani nonnullos captivos Romam deduxerunt.
3) Germania	C) **bello superatis** parva pars Germaniae a Romanis occupata est.
4) Captivis	D) **Germanis bene in agris laborantibus** domini Romani servos Germanos libenter emebant.

1. Nur noch zwei Mal!

Gib für die folgenden Vokabeln mindestens eine Bedeutung an.
Die Zahl in Klammern verrät dir, wie viele Bedeutungen du gelernt hast.

a) pax (1)		n) poscere (2)	
b) obtinere (2)		o) deficere (3)	
c) prodere (2)		p) exstinguere (2)	
d) censere (3)		q) barbarus (3)	
e) conspicere (1)		r) intellegere (2)	
f) exigere (2)		s) facinus (2)	
g) cogere (2)		t) numen (2)	
h) auctoritas (3)		u) maximus (2)	
i) claudere (3)		v) evenire (1)	
j) iactare (3)		w) decernere (2)	
k) improbus (2)		x) cognoscere (2)	
l) ruere (3)		y) ignoscere (1)	
m) mens (4)		z) conscribere (2)	

2. Stammformen

Vervollständige die Stammformenreihen der folgenden Verben aus der Tabelle zu Aufg. 1.

a) decernere			
b)		exstinxi	
c)	prodo		
d)			intellectum
e)	posco		---
f)	exigo		
g)		clausi	

Gliedsätze: **ut, cum**; Konjunktiv Präsens u. Perfekt

3. Farbenspiel

Bestimme jeweils Tempus und Modus der folgenden Verbformen und unterstreiche sie in folgenden Farben:
Indikativ Präsens: rot; Konjunktiv Präsens: grün; Indikativ Perfekt: blau; Konjunktiv Perfekt: gelb.

des – iit – intellegit – velim – ierimus – potuerim – voluimus – respondent – fuerint – cogamus – existimatis – exstinxerunt – it – intellexeris – poposcit – vult – clauserint – sim – decrevistis – fugiat

4. Zeitmaschine

Verwandle jede Indikativform in die entsprechende Form des Konjunktiv Präsens und Perfekt.

	Konj. Präs.	Konj. Perf.
a) dat		
b) efficitur		
c) vult		
d) iacto		
e) mittimus		

	Konj. Präs.	Konj. Perf.
f) possunt		
g) trador		
h) estis		
i) rapiuntur		
j) corriperis		

5. Römer raus!

Übersetze zunächst mündlich und ergänze jeweils das angegebene Verb im Konjunktiv.
Entscheide, ob du Präsens oder Perfekt wählen musst. Übersetze dann abschließend nochmals den ganzen Text.

In consilio Germanorum:

a) „Cum nos libertatem .... (amare), servire non possumus. b) Itaque postulo, ut Romani patriam nostram .... (relinquere). c) Nam impedire debemus, ne hostis in Germania .... (manere). d) Necesse igitur est Romanis tandem resistere, cum nos tot iniurias .... (sustinere). e) Certe dei patriae nostrae aderunt, cum Romani religionem eorum .... (vetare). f) Vos igitur, di patriae, oro atque obsecro, ne .... (sinere) Romanos nos servos facere. g) Adeste nobis, ut consilium bonum .... (capere), quemadmodum scelerati isti pelli .... (posse)."

1. Bald geschafft!

Du hast die letzte Lernstufe vor dem großen Abschlusstest erreicht. Gratulation, dass du so lange durchgehalten hast! Gib für die folgenden Vokabeln nochmals mindestens eine Bedeutung an. Die Zahl in Klammern verrät dir, wie viele Bedeutungen du gelernt hast.

a) ferre (3)		n) nuper (2)	
b) crescere (1)		o) inde (3)	
c) minime (2)		p) praeferre (1)	
d) differre (2)		q) prope (3)	
e) afferre (4)		r) aliter (2)	
f) item (2)		s) conferre (2)	
g) referre (2)		t) proinde (2)	
h) offerre (2)		u) undique (2)	
i) noscere (2)		v) forte (1)	
j) tegere (3)		w) ruri (1)	
k) efferre (2)		x) deferre (3)	
l) usque (1)		y) parum (1)	
m) pariter (2)		z) omnino (3)	

2. Stammformen

Vervollständige die Stammformenreihen der folgenden Verben aus der Tabelle zu Aufg. 1.

a) ferre			
b)		crevi	---
c)	tego		
d) afferre			
e) efferre			
f)		novi	
g) offerre			

Adverb; ferre

3. -e, -iter oder -er?
Bilde zu jedem der folgenden Adjektive das Adverb.

a) praeclarus		d) acer		g) verus	
b) celer		e) infelix		h) turpis	
c) vehemens		f) sapiens		i) bonus	

4. Formentelefon: ferre

1) 1. Pers. Sg.	2) 2. Pers. Sg.	3) 3. Pers. Sg.	4) 1. Pers. Pl.	5) 2. Pers. Pl.	6) 3. Pers. Pl.
1) Präs.	2) Impf.	3) Fut. I	4) Perf.	5) Plusqpf.	6) Fut. II
7) Indikativ	8) Konjunktiv			9) Aktiv	0) Passiv

a) Bilde entsprechend der Ziffernfolge die gewählte Form von ferre und übersetze sie.

a) 2179	c) 5489	e) 6579
b) 3379	d) 1280	f) 4570

b) Übersetze die folgenden Formen von ferre und wandle sie in eine Telefonnummer um.

a) feratur	c) feremini	e) ferebam
b) lati essemus	d) tulero	f) tulistis

5. Ungeheuerlich!
Zwei Germanen unterhalten sich über die römischen Eindringlinge.
Übersetze den Text schriftlich. Bearbeite aber zuvor die Aufgaben unter dem Text.

A: Isti Romani mihi semper odio erunt! Hostes prohibere debemus, ne cultum nostrum omnino deleant!

B: Non intellego, cur omnes ira commoti Romanos vehementer reprehendant.

A: At apertum est istos dominos malos esse. Germania nostra occupata Romani crudeliter in nos vindicant. Libertate nostra rapta Romani nobis superbe imperant. Immo nos ipsos Romanos facere volunt.

B: Timeo, ne erres. Nam Romani multa bona ad nos attulerunt. Cultu eorum allato salus communis celeriter crescit.

A: Falleris. Cum isti Romani iam totum orbem oppresserint, tamen plus poscere non desinunt. Tam saevi sunt quam lupi (lupus, i: Wolf). Nonne vides istud monstrum ingens a Romanis ad muros oppidi adductum? Ea munitione confecta nos omnes crudeliter necabimur! Ea munitio omnibus nobis maximam calamitatem inferet.

B: Desine tandem tam stulte dicere! Ea munitio, quam monstrum nominas, aquaeductus (!) est. Aquam recentem e montibus in oppidum nostrum inferet. Itaque Romanis imperantibus aqua bona non carebimus. Quin intellegis Romanos nobis multa commoda offerre?

a) Markiere alle Konjunktive grün. b) Markiere alle Adverbien gelb. c) Markiere alle Ablativi absoluti blau.

Nun zeigt sich, ob du erfolgreich wiederholt hast und dich verbessern konntest.
Bearbeite die Aufgaben und vergleiche deine Antworten mit den Lösungen. Dort siehst du auch, wie viele Punkte du für jede richtige Antwort erhältst. Zähle deine Punkte zusammen und ermittle danach mit der Bewertungstabelle am Ende des Abschlusstests, welche Rolle du im Affenwald spielst …

1. Wort für Wort — 6 BE

Gib für die folgenden Vokabeln mindestens eine richtige Bedeutung an.
Die Zahl in Klammern sagt dir, wie viele Bedeutungen du gelernt hast.

a) promittere (1)		g) aeternus (1)	
b) respicere (2)		h) iudex (1)	
c) gravis (1)		i) postulare (1)	
d) umquam (1)		j) paene (1)	
e) sors (3)		k) placet (2)	
f) interrogare (1)		l) aestimare (3)	

2. Stammformen — 8 BE

Gib für die folgenden Verben die Stammformen und mindestens eine richtige Bedeutung an.

	1. Pers. Sg. Präs.	1. Pers. Sg. Perf.	PPP	Bedeutung
a) trahere				
b) providere				
c) dare				
d) quaerere				

3. Bilde die angegebenen Formen. — 6 BE

a) Gen. Sg. von fides		d) Dat. Pl. von gens	
b) Akk. Sg. von nomen		e) Nom. Pl. von crimen	
c) Dat. Sg. von ira		f) Abl. Sg. von vultus	

Abschlusstest

4. Bestimme Person, Numerus, Tempus, Modus und Genus verbi. 5 BE

a) praesunt		f) neglexit	
b) petamur		g) conspiceretur	
c) moti sunt		h) voletis	
d) cucurrissetis		i) laudaris	
e) faciebam		j) auctum esset	

5. PPA oder PPP? 4 BE

Markiere die korrekte Partizipialform.

a) Orpheus coniugem **desideratam / desiderans / desiderantem** in Tartarum descendit.

b) Iuppiter Europam metu **captus / capiens / captam** in Cretam deduxit.

6. Übersetze. 11 BE

a) Mos vetus Romanorum fuit in sceleratos nefarios graviter (hart) vindicare. b) Alii eorum in vincula dati sunt, alii autem bestiis obiecti poenam acerbam solverunt. c) Hoc genere poenae efficiebatur, ut populus illud supplicium in amphitheatro spectans metu mortis ab isdem flagitiis prohiberetur.

7. Fremdwörter? 4 BE

Erkläre die folgenden Fremdwörter. Gib dabei jeweils das lateinische Ursprungswort an, das diesen Fremdwörtern zugrunde liegt, z.B.: lädiert – verletzt (laedere).

a) ein **fragiler** Gegenstand   b) Müll **deponieren**   c) das **tangiert** mich nicht   d) den Preis **reduzieren**

e) die neue **Version**   f) das **Objekt** der Begierde   g) gerecht **regieren**   h) **insolvent** sein

Punkte	44–38	37–31	30–24	23–17	16–11	10–0
Bewertung	STATTLICHER SILBERRÜCKEN-GORILLA König des Dschungels	BERGGORILLA Herr im Regenwald	SCHIMPANSE ... macht sich nicht zum Affen	PAVIAN ... braucht noch ein paar Kletterstunden	BRÜLLAFFE ... viel Lärm um nichts	KLAMMERAFFE ... allenfalls Darsteller im Affentheater

Inhalt

Seite				
3	Vorwort			
4/5	Einstufungstest		Campus B2 Campus C2	
6/7	Lernblock 1	Lernstufe 1	Campus B2 Campus C2	Substantive: u-Dekl., e-Dekl., 3. Dekl. (Neutra, i-Stämme); Gen. subi. / obi.
8/9		Lernstufe 2		Adjektive: 3. Dekl. (einendig), Substantivierung; Zahlen; Abl. / Gen. qual.
10/11		Lernstufe 3		Prädikativum; Pronomina *Der Sklave und die Lügenmärchen*
12/13	Lernblock 2	Lernstufe 4	Campus B2 Campus C2	Kasusulehre: Gen. poss., Dat. fin., dopp. Akk., Verben mit abweichender/unterschiedlicher Kasusrektion
14/15		Lernstufe 5		Passiv (Präsensstamm): Indikativ
16/17		Lernstufe 6		Passiv (Perfektstamm): Indikativ *Der lange Marsch des Hannibal*
18/19	Lernblock 3	Lernstufe 7	Campus B2 Campus C2	Gliedsätze: ut, cum, si …; Korrelativa; Konjunktiv Imperfekt / Plusquamperfekt
20/21		Lernstufe 8		PPA
22/23		Lernstufe 9		PPP *Soweit die Flügel tragen*
24/25	Lernblock 4 (B3 bis Kap. 86)	Lernstufe 10	Campus B2 Campus C2	Ablativus absolutus
26/27		Lernstufe 11		Gliedsätze: ut, cum; Konjunktiv Präsens / Perfekt
28/29		Lernstufe 12		Adverb; ferre *Ungeheuerlich!*
30/31	Abschlusstest		Campus B2 Campus C2	

Erreichbare Bonuspunkte

alle Übungen für Totenkopfäffchen: insg. 1200 Bonuspunkte
alle Übungen für Paviane: insg. 900 Bonuspunkte
alle Übungen für Gorillas: insg. 600 Bonuspunkte